»Liebeläutend zieht durch Kerzenhelle, / Mild, wie Wälderduft, die Weihnachtszeit …« – so besinnlich geht es bei Joachim Ringelnatz zur Weihnachtszeit nicht immer zu. Mit skurrilem Witz, der Lust am Unsinn, aber auch mit melancholischer Zartheit bedichtet Ringelnatz das Fest der Liebe: die kindliche Vorfreude, den ersten Schnee, Pfannkuchen, Punsch und Zuckerschaum, Bowle und Bordelle.

Joachim Ringelnatz wurde 1883 als Hans Bötticher in Wurzen in Sachsen geboren. Seine Gedichtbände veröffentlichte er unter verschiedenen Pseudonymen, von Kuttel Daddeldu bis Joachim Ringelnatz in späteren Jahren. Er starb 1934 in Berlin.

insel taschenbuch 4405
Weihnachten mit
Joachim Ringelnatz

Weihnachten mit Joachim Ringelnatz

Ausgewählt
und mit einem Nachwort versehen
von Ute Maack

Insel Verlag

Die vorliegende Ausgabe folgt dem insel taschenbuch 3304:
Joachim Ringelnatz, *Weihnachten*.
Frankfurt am Main und Leipzig 2007
Umschlagabbildung: Hans Traxler, Frankfurt am Main

5. Auflage 2024

Erste Auflage 2015
insel taschenbuch 4405
2007, Insel Verlag Anton Kippenberg GmbH & Co. KG, Berlin
Umschlag: hißmann, heilmann, hamburg
Satz: Satz-Offizin Hümmer GmbH, Waldbüttelbrunn
Druck: CPI books GmbH, Leck
Printed in Germany
ISBN 978-3-458-36105-3

www.insel-verlag.de

Inhalt

Weihnachten

Des Jahres Feste

Aber das ist ja überall nahezu das gleiche. Zum Geburtstag wurde man beschenkt und genoß besondere Nachsicht, besondere Aufmerksamkeiten.

Ostern legte der Osterhase, legten später Eltern, Tanten und Großmama Eier in immer größeren Formaten.

Pfingsten spielte keine sonderliche Rolle, da mein Vater ein Mann in freiem Beruf war.

Der Weihnachtsbescherung gingen besondere intime, überlieferte oder eingeführte Gebräuche, Scherzchen und Sentimentalitäten voraus, und ebensolche familiär geheiligte Bräuche folgten. Es liegt mir fern, mich darüber lustig zu machen. Ich will nur hier auf das in allen Variationen so oft geschilderte Thema nicht weiter eingehen. Weihnachten war auch uns Kindern in jedem Jahr das Fest der Seligkeit, der Herzlichkeit, der Anhänglichkeit, des Reichtums, des Glücks.

Und zu Silvester kriegten wir Pfannkuchen, durften Punsch trinken und um Mitternacht leicht angeheitert am offenen Fenster lauschen. Draußen, drunten läuteten die Glocken, rief man »Prost Neujahr«, knallte Feuerwerk. Auch wir durften einmal mutig, als wär's was, aus dem Fenster brüllen: »Prost Neujahr!«

Herbst

Der Herbst schert hurtig Berg und Tal
Mit kalter Schere ratzekahl.
Der Vogel reist nach warmer Ferne;
Wir alle folgten ihm so gerne.

Das Laub ist gelb und welk geworden,
Grün blieb nur Fichte noch und Tann'.
Huhu! Schon meldet sich im Norden
Der Winter mit dem Weihnachtsmann.

Es schneit

Es schneit dicke Flocken,
Nicht warm, aber frisch gebacken.
Die setzen sich in meine Dichterlocken,
In meinen Schiebernacken,
Auf meine Smoking-Socken.

Sie machen den Polizisten
Gemütlich zum Weihnachtsmann.
Da legen die Touristen
Ihre Polarausrüstung an.

Wir wollen uns alle zusammentun,
Um den Beschluß zu fassen:
Es dürfen alle Sachsen von nun
An nicht mehr ihr Land verlassen.

Sie querten mit wilder Behaglichkeit
Karlmayisch gedachte Fernen
Und blieben Sachsen. Es wird für sie Zeit,
Sich selbst erst mal kennenzulernen.
Es schneit.

Wenn hundert Leute sich einig sind,
Dann fühlen sich die als Giganten
Und schwafeln vor einem vernünftigen Kind
Wie taube verwunschene Tanten.

Es schneit. Wie in unserer Kinderzeit.
Zum Wintersport eingeladen,

Gehe ich schlafen. Es schneit. Es schneit.
Es schneit für den Landmann Kuhfladen.

Es schneit für die Zukunft Straßendreck.
Auf Gräber schneit's weiße Rosen.
Doch es schneit Erbsensuppe mit Speck
In die Taschen der Arbeitslosen.

Weihnachten

Liebeläutend zieht durch Kerzenhelle,
Mild, wie Wälderduft, die Weihnachtszeit,
Und ein schlichtes Glück streut auf die Schwelle
Schöne Blumen der Vergangenheit.

Hand schmiegt sich an Hand im engen Kreise,
Und das alte Lied von Gott und Christ
Bebt durch Seelen und verkündet leise,
Daß die kleinste Welt die größte ist.

Vorfreude auf Weihnachten

Ein Kind – von einem Schiefertafel-Schwämmchen
Umhüpft – rennt froh durch mein Gemüt.

Bald ist es Weihnacht! – Wenn der Christbaum blüht,
Dann blüht er Flämmchen.
Und Flämmchen heizen. Und die Wärme stimmt
Uns mild. – Es werden Lieder, Düfte fächeln. –

Wer nicht mehr Flämmchen hat, wem nur noch Fünkchen
glimmt,
Wird dann doch gütig lächeln.

Wenn wir im Traume eines ewigen Traumes
Alle unfeindlich sind – einmal im Jahr! –
Uns alle Kinder fühlen eines Baumes.

Wie es sein soll, wie's allen einmal war.

Schenken

Schenke groß oder klein,
Aber immer gediegen.
Wenn die Bedachten
Die Gaben wiegen,
Sei dein Gewissen rein.

Schenke herzlich und frei.
Schenke dabei,
Was in dir wohnt
An Meinung, Geschmack und Humor,
So daß die eigene Freude zuvor
Dich reichlich belohnt.

Schenke mit Geist ohne List.
Sei eingedenk,
Daß dein Geschenk
Du selber bist.

Kindergebetchen

Drittes

Lieber Gott mit Christussohn,
Ach schenk mir doch ein Grammophon.
Ich bin ein ungezognes Kind,
Weil meine Eltern Säufer sind.
Verzeih mir, daß ich gähne.
Beschütze mich in aller Not,
Mach meine Eltern noch nicht tot
Und schenk der Oma Zähne.

Wünsche

Was wir in kläglicher Naivität
Uns wünschen, das greift unverschämt zurück
Und kommt zu spät.

Wer erntet jemals wohl ein Glück,
Das er nur fett gedüngt, doch nie gesät.

Es treiben hohle Wünsche leeres Spiel.
Es finden dumme Wünsche dummes Ziel.
Es wünscht sich Müdigkeit ins Ungefähre:
»Ach wenn es doch nun bald zu Ende wäre.«
Und Rührendes, was niemals ausgesprochen,
Vermodert unerkannt in Fleisch und Knochen.

Jetzt – (da ein Abendessen sich vollzieht) –
Wünsch ich den andern »guten Appetit«!

Der Weihnachtsbaum

Es ist eine Kälte, daß Gott erbarm!
Klagte die alte Linde,
Bog sich knarrend im Winde
Und klopfte leise mit knorrigem Arm
Im Flockentreiben
An die Fensterscheiben.
Es ist eine Kälte! Daß Gott erbarm!
Drinnen im Zimmer war's warm.
Da tanzte der Feuerschein so nett
Auf dem weißen Kachelofen Ballett.
Zwei Bratäpfel in der Röhre belauschten,
Wie die glühenden Kohlen
Behaglich verstohlen
Kobold- und Geistergeschichten tauschten.
Dicht am Fenster im kleinen Raum
Da stand, behangen mit süßem Konfekt,
Vergoldeten Nüssen und mit Lichtern besteckt,
Der Weihnachtsbaum.
Und sie brannten alle, die vielen Lichter,
Aber noch heller strahlten am Tisch
(Es läßt sich wohl denken
Bei den vielen Geschenken)
Drei blühende, glühende Kindergesichter. –
Das war ein Geflimmer
Im Kerzenschimmer!
Es lag ein so lieblicher Duft in der Luft
Nach Nadelwald, Äpfeln und heißem Wachs.
Tatti, der dicke Dachs,
Schlief auf dem Sofa und stöhnte behaglich.

Er träumte lebhaft, wovon, war fraglich,
Aber ganz sicher war es indessen,
Er hatte sich schon (die Uhr war erst zehn)
Doch man mußte 's gestehn,
Es war ja zu sehn,
Er hatte sich furchtbar überfressen. –
Im Schaukelstuhl lehnte der Herzenspapa
Auf dem nagelneuen Kissen und sah
Über ein Buch hinweg auf die liebe Mama,
Auf die Kinderfreude und auf den Baum.
Schade, nur schade,
Er bemerkte es kaum,
Wie schnurgerade
Die Bleisoldaten auf dem Baukasten standen
Und wie schnell die Pfefferkuchen verschwanden.
– Und die liebste Mama? – Sie saß am Klavier.
Es war so schön, was sie spielte und sang,
Ein Weihnachtslied, das zu Herzen drang.
Lautlos horchten die andern Vier.
Der Kuckuck trat vor aus der Schwarzwälderuhr,
Als ob auch ihm die Weise gefiel. – –
Leise, ergreifend verhallte das Spiel.
Das Eis an den Fensterscheiben taute,
Und der Tannenbaum schaute
Durchs Fenster die Linde
Da draußen, kahl und beschneit
Mit ihrer geborstenen Rinde.
Da dachte er an verflossene Zeit
Und an eine andere Linde,
Die am Waldesrand einst neben ihm stand,
Sie hatten in guten und schlechten Tagen
Einander immer so liebgehabt.

Dann wurde die Tanne abgeschlagen,
Zusammengebunden und fortgetragen.
Die Linde, die Freundin, die ließ man stehn.
Auf Wiedersehn! Auf Wiedersehn!
So hatte sie damals gewinkt noch zuletzt. –
Ja daran dachte der Weihnachtsbaum jetzt,
Und keiner sah es, wie traurig dann
Ein Tröpfchen Harz, eine stille Träne,
Aus seinem Stamme zu Boden rann.

Bist du nie durch verschneite Nächte gegangen,
Durch Wald, über Land,
Allein mit dem Stock in deiner Hand?
Du bist es und bist es mit heiligem Bangen.
Wo zitternde Äste, eisig behangen,
Dir eine Kirchenstunde gaben,
Ist dein Lachen gestorben.
Da hast du dein Bestes, unverdorben,
Aus deinen tiefsten Tiefen gegraben. – – –
Auf den weiten Feldern lag schwerer Schnee.
Du schienst dir, verschollen auf hoher See,
Den menschlichen Küsten fern zu sein.
Stille lag über dem Schnee. – –
Du warst allein, allein – ganz allein.
Flimmernde Flämmchen sahst du fliegen.
Hast du nicht viel gedacht?
Ist nicht dein Blick emporgestiegen
In die wunderdurchfunkelte Nacht,
Bis ihn unendliche Weite verwirrt?
Und ein Schatten lief still mit dir um die Wette.
Und der Schatten hat mit der endlosen Kette
Ewiger Fragen geklirrt.
Du hast dich bezwungen.
Du hast vielleicht deinen Stock geschwungen,
Du hast vielleicht ein Liedchen gesungen,
Aber das Liedchen klang nicht wie Hohn,
Und du darfst es bekennen:
Du bist voll Angst vor dem grausen Schatten geflohn,
Den wir Wahnsinn nennen.

Draußen und Drinnen

In der Villa am Berg, die ob ihrer Pracht
Im Dorf als »das reiche Schloß« bekannt,
Da hat man die Nacht durchjubelt, durchlacht
Und an geistreichen Reden, an Speise und Trank
Das kostbarste, edelste dargebracht;
Da haben hundert Kerzen gebrannt;
Da haben die Gläser geklungen;
Da hat am Flügel ein blondes Kind
Ein tiefergreifendes Lied gesungen. – –
Und während denen, die dort vereint,
Die Stunden traumhaft verronnen sind,
Hat – draußen am schneeverwehten Tor –
Ein armer Wanderbursch gelauscht
Und – – bitter geweint.

Weihnacht zur See

Weihnacht war es auf tosender See.
Haushohe Wellen an Luv und an Lee.
Am Ruder stand Jürgens Claus;
Sah bald auf den Kompaß und bald voraus.
Die eisernen Speichen lenkte er fest
Und führte verwegen
Durch Sturm und Regen
Das ächzende Schiff nach West-Nord-West.
Wuchtige Seen mit schäumender Gischt
Fegten das Deck,
Doch er wich nicht vom Fleck,
Er rührte sich nicht,
Ob auch vom Südwester übers Gesicht,
Ob von der Stirn in den struppigen Bart
Das salzige, eisige Wasser ihm rann. –
So etwas bleibt keinem Seemann erspart.
Jürgens Claus stand seinen Mann. – –
West-Nord-West lag an.
Und er sah auf den Kompaß, vom Wetter umtost,
Wehrte behende dem tückischen Schwanken
Der kleinen Nadel. Doch in Gedanken
Flog er gen Ost-Süd-Ost;
Flog in ein fernes Fischerhaus.
Dort war er daheim, Jürgens Claus.
Es war ein armer,
Doch traulich warmer
Und freundlicher Raum.

Die Kuckucksuhr war eben verklungen.
Still malte der Feuerschein an den Wänden.
Im Lehnstuhl unter dem Weihnachtsbaum
Saß Mutter und hielt wie im Traum
In ihren alten, zitternden Händen
Den letzten Brief von ihrem Jungen. –
Er wußte, er war ja ihr einziges Glück. – –

»Was ist der Kurs?« erklang es von oben.
»Recht West-Nord-West!« gab Claus zurück.
Die eisernen Speichen lenkte er fest
Und führte voll Kraft und kühnem Mut
Das ächzende Schiff gen West-Nord-West.
Claus Jürgens stand seinen Mann.
War es wohl salzige Meeresflut,
Was heiß ihm über die Wangen rann?

Am Weihnachtsabend

Ein armer Junge jammert im Bette:
»Ach, wenn ich doch auch einen Weihnachtsbaum
                                         hätte!!«
Kaum hatte er diese Worte gesprochen,
Kommt mancherlei aus dem Ofen gekrochen:

Ein Schaukelpferd, Wagen und Bleisoldaten,
Eine Trommel, ein Buch, ein Kaufmannsladen,
Ein Eisenbahnzug und ein Reifenspiel,
Ein Luftschiff, ein Fahrrad, ein Automobil
Und Äpfel und Nüsse und Zuckerschaum
Und ganz zuletzt noch ein Weihnachtsbaum.
Die Engel im Himmel singen mit Macht
Das Festlied: Stille Nacht, heilige Nacht.

Kuttel Daddeldu und die Kinder

Wie Daddeldu so durch die Welten schifft,
Geschieht es wohl, daß er hie und da
Eins oder das andre von seinen Kindern trifft,
Die begrüßen dann ihren Europapa:
»Gud morning! – Sdrastwuide! – Bong Jur, Daddeldü!
Bon tscherno! Ok phosphor! Tsching – tschung! Bablabü!«
Und Daddeldu dankt erstaunt und gerührt
Und senkt die Hand in die Hosentasche
Und schenkt ihnen, was er so bei sich führt,
– – Whiskyflasche,
Zündhölzer, Opium, türkischen Knaster,
Revolverpatronen und Schweinsbeulenpflaster,
Gibt jedem zwei Dollar und lächelt: »Ei, ei!«
Und nochmals: »Ei, Ei!« – Und verschwindet dabei.

Aber Kindern von deutschen und dänischen Witwen
Pflegt er sich intensiver zu widmen.
Die weiß er dann mit den seltensten Stücken
Aus allen Ländern der Welt zu beglücken.
Elefantenzähne – Kamerun,
Mit Kognak begoßnes malaiisches Huhn,
Aus Friedrichroda ein Straußenei,
Aus Tibet einen Roman von Karl May,
Einen Eskimoschlips aus Giraffenhaar,
Auch ein Stückchen versteinertes Dromedar.

Und dann spielt der poltrige Daddeldu
Verstecken, Stierkampf und Blindekuh,
Markiert einen leprakranken Schimpansen,

Lehrt seine Kinderchen Bauchtanz tanzen
Und Schiffchen schnitzen und Tabak kauen.
Und manchmal, in Abwesenheit älterer Frauen,
Tätowiert er den strampelnden Kleinchen
Anker und Kreuze auf Ärmchen und Beinchen.

Später packt er sich sechs auf den Schoß
Und läßt sich nicht lange quälen,
Sondern legt los:
Grog saufen und dabei Märchen erzählen;
Von seinem Schiffbruch bei Feuerland,
Wo eine Woge ihn an den Strand
Auf eine Korallenspitze trieb,
Wo er dann händeringend hängen blieb.
Und hatte nichts zu fressen und saufen;
Nicht mal, wenn er gewollt hätte, einen Tropfen Trinkwasser,
                              um seine Lippen zu benetzen,
Und kein Geld, keine Uhr zum Versetzen.
Außerdem war da gar nichts zu kaufen;
Denn dort gab's nur Löwen mit Schlangenleiber,
Sonst weder keine Menschen als auch keine Weiber.
Und er hätte gerade so gern einmal wieder
Ein kerniges Hamburger Weibstück besucht.
Und da kniete Kuttel nach Osten zu nieder.
Und als er zum drittenmal rückwärts geflucht,
Da nahte sich plötzlich der Vogel Greif,
Und Daddeldu sagte: »Ei wont ä weif.«
Und der Vogel Greif trug ihn schnell
Bald in dies Bordell, bald in jenes Bordell
Und schenkte ihm Schlackwurst und Schnaps und so weiter. –
So erzählt Kuttel Daddeldu heiter, –
Märchen, die er ganz selber erfunden.

Und säuft. – Es verfließen die Stunden.
Die Kinder weinen. Die Märchen lallen.
Die Mutter ist längst untern Tisch gefallen,
Und Kuttel – bemüht, sie aufzuheben –
Hat sich schon zweimal dabei übergeben.
Und um die Ruhe nicht länger zu stören,
Verläßt er leise Mutter und Göhren.

Denkt aber noch tagelang hinter Sizilien
An die traulichen Stunden in seinen Familien.

Einsiedlers Heiliger Abend

Ich hab' in den Weihnachtstagen –
Ich weiß auch, warum –
Mir selbst einen Christbaum geschlagen,
Der ist ganz verkrüppelt und krumm.

Ich bohrte ein Loch in die Diele
Und steckte ihn da hinein
Und stellte rings um ihn viele
Flaschen Burgunderwein.

Und zierte, um Baumschmuck und Lichter
Zu sparen, ihn abends noch spät
Mit Löffeln, Gabeln und Trichter
Und anderem blanken Gerät.

Ich kochte zur heiligen Stunde
Mir Erbsensuppe mit Speck
Und gab meinem fröhlichen Hunde
Gulasch und litt seinen Dreck.

Und sang aus burgundernder Kehle
Das Pfannenflickerlied.
Und pries mit bewundernder Seele
Alles das, was ich mied.

Es glimmte petroleumbetrunken
Später der Lampendocht.
Ich saß in Gedanken versunken.
Da hat's an die Türe gepocht,

Und pochte wieder und wieder.
Es konnte das Christkind sein.
Und klang's nicht wie Weihnachtslieder?
Ich aber rief nicht: »Herein!«

Ich zog mich aus und ging leise
Zu Bett, ohne Angst, ohne Spott,
Und dankte auf krumme Weise
Lallend dem lieben Gott.

Wenn wir im Mildsein

Wenn wir im Mildsein, konträre Leben
Nachzuerleben, uns ernstlich bestreben,
Dann werden wir wanken
Und werden – jeder nach seinem Verstand
Mit rechter oder mit linkischer Hand –
Etwas hergeben und danken.

Helfen

Es betteln Armut und Betrug.
Es betteln die Faulen und Schwachen.
Wer viel gegeben, gab nie genug.
Ehrliches Lachen darf lachen.

Wir reden gern uns die Schuld vom Hals
Und arbeiten ungern für Faule.
Es packt uns Reue erledigtenfalls
Oder Gruseln bei offenem Maule.

Und ganz erschüttert hörn wir und schreiben
Von Armen, die unerreichbar bleiben.

Wie leicht klingt das, wenn jemand spricht:
»Hart! Aber das Schwache muß sterben!«
Doch dürfen auch manche Leute nicht
Am ewigen Helfen verderben.

Zu einem Geschenk

Ich wollte dir was dedizieren,
Nein schenken; was nicht zuviel kostet.
Aber was aus Blech ist, rostet,
Und die Messinggegenstände oxydieren.
Und was kosten soll es eben doch.
Denn aus Mühe mach ich extra noch
Was hinzu, auch kleine Witze.
Wär' bei dem, was ich besitze,
Etwas Altertümliches dabei – –
Doch was nützt dir eine Lanzenspitze!
An dem Bierkrug sind die beiden
Löwenköpfe schon entzwei.
Und den Buddha mag ich selber leiden.
Und du sammelst keine Schmetterlinge,
Die mein Freund aus China mitgebracht.
Nein – das Sofa und so große Dinge
Kommen überhaupt nicht in Betracht.
Außerdem gehören sie nicht mir.
Ach, ich hab' die ganze letzte Nacht
Rumgegrübelt, was ich dir
Geben könnte. Schlief deshalb nur eine,
Allerhöchstens zwei von sieben Stunden,
Und zum Schluß hab' ich doch nur dies kleine,
Lumpige beschißne Ding gefunden.
Aber gern hab' ich für dich gewacht.
Was ich nicht vermochte, tu du's: Drücke du
Nun ein Auge zu.
Und bedenke,

Daß ich dir fünf Stunden Wache schenke.
Laß mich auch in Zukunft nicht in Ruh.

Heimweh?

Das Heimweh, jenes Heimweh des Gebirgssohnes, der sich niemals ganz in die Fremde einfindet, ist ihnen oder wird ihnen fremd. Ja, es bildet sich bei ihnen mit der Zeit etwas beinahe Gegenteiliges heraus. Ein Fernweh. Sie müssen immer wieder weit weg und woanders sein und sind es gern. Ohne daß sie darüber die Liebe zur Heimat verlieren.

Wie froh schlägt den Deutschen das Herz, wenn sie nach langer Abwesenheit Elbe aufwärts fahren und die Hamburger Michaeliskirche in Sicht kommt. Oder wie gespannt erwarten sie in Yokohama – und wie oft lesen sie – einen Brief aus der Heimat. Was bedeutet für den Memelsmann ein Weihnachtspaket von Muttern, das er in Tropenhitze öffnet!

Ich besinne mich auf ein Weihnachten, da ich in solcher Tropenhitze mit einem Dampfer auf der Reede von Maranhao lag. Wir durften nicht an Land, weil die Pest dort herrschte. Wir hatten den Tag über und bis spät in die Heilige Nacht hinein schwer zu arbeiten, um einen bedenklichen Schaden auszubessern. Hinterher öffneten wir das Weihnachtsgeschenk unserer Reederei: pro Mann eine Flasche Bier. Das Bier war durch die Hitze verdorben. Aber dann hatte einer von uns in eine Holzspiere zwei Löcher gebohrt und in die Löcher zwei Handfeger gesteckt, die Borsten nach unten, so daß das Ganze aussah, wenigstens für uns aussah, wie ein Weihnachtsbaum. Und wir sangen ein Weihnachtslied und hatten Hunger und insgeheim etwas Sehnsucht.

Und hätte damals eine Fee einem von uns nur eine unbelegte und unbeschmierte Scheibe richtigen frischen Brotes geschenkt, der Empfänger wäre hochbeglückt gewesen. Und wir anderen mit ihm. Denn er hätte es unter uns fünfzehn (oder wieviel wir auch sein mochten) geteilt.

Die Weihnachtsfeier des Seemanns Kuttel Daddeldu

Die Springburn hatte festgemacht
Am Petersenkai.
Kuttel Daddeldu jumpte an Land,
Durch den Freihafen und die stille heilige Nacht
Und an dem Zollwächter vorbei.
Er schwenkte einen Bananensack in der Hand.
Damit wollte er dem Zollmann den Schädel spalten,
Wenn er es wagte, ihn anzuhalten.
Da flohen die zwei voreinander mit drohenden Reden.
Aber auf einmal trafen sich wieder beide im König
       von Schweden.

Daddeldus Braut liebte die Männer vom Meere,
Denn sie stammte aus Bayern.
Und jetzt war sie bei einer Abortfrau in der Lehre,
Und bei ihr wollte Kuttel Daddeldu Weihnachten feiern.

Im König von Schweden war Kuttel bekannt als Krakehler.
Deswegen begrüßte der Wirt ihn freundlich: »Hallo old
       sailor!«
Daddeldu liebte solch freie herzhafte Reden,
Deswegen beschenkte er gleich den König von Schweden.
Er schenkte ihm Feigen und sechs Stück Kolibri
Und sagte: »Da nimm, du Affe!«
Daddeldu sagte nie »Sie«.
Er hatte auch Wanzen und eine Masse
Chinesischer Tassen für seine Braut mitgebracht.

Aber nun sangen die Gäste »Stille Nacht, Heilige Nacht«,
Und da schenkte er jedem Gast eine Tasse
Und behielt für die Braut nur noch drei.
Aber als er sich später mal darauf setzte,
Gingen auch diese versehentlich noch entzwei,
Ohne daß sich Daddeldu selber verletzte.

Und ein Mädchen nannte ihn Trunkenbold
Und schrie: er habe sie an die Beine geneckt.
Aber Daddeldu zahlte alles in englischen Pfund in Gold.
Und das Mädchen steckte ihm Christbaumkonfekt
Still in die Taschen und lächelte hold
Und goß noch Genever zu dem Gilka mit Rum in den Sekt.
Daddeldu dachte an die wartende Braut.
Aber es hatte nicht sein gesollt,
Denn nun sangen sie wieder so schön und so laut.
Und Daddeldu hatte die Wanzen noch nicht verzollt,
Deshalb zahlte er alles in englischen Pfund in Gold.

Und das war alles wie Traum.
Plötzlich brannte der Weihnachtsbaum.
Plötzlich brannte das Sofa und die Tapete,
Kam eine Marmorplatte geschwirrt,
Rannte der große Spiegel gegen den kleinen Wirt.
Und die See ging hoch und der Wind wehte.

Daddeldu wankte mit einer blutigen Nase
(Nicht mit seiner eigenen) hinaus auf die Straße.
Und eine höhnische Stimme hinter ihm schrie:
»Sie Daddel Sie!«
Und links und rechts schwirrten die Kolibri.

Die Weihnachtskerzen im Pavillon an der Mattentwiete
erloschen.
Die alte Abortfrau begab sich zur Ruh.
Draußen stand Daddeldu
Und suchte für alle Fälle nach einem Groschen.
Da trat aus der Tür seine Braut
Und weinte laut:
Warum er so spät aus Honolulu käme?
Ob er sich gar nicht mehr schäme?
Und klappte die Tür wieder zu.
An der Tür stand: »Für Damen«.

Es dämmerte langsam. Die ersten Kunden kamen,
Und stolperten über den schlafenden Daddeldu.

Draußen schneit's

Wir hatten ein Schaukelpferd vorher gekauft.
Aber nachher kam gar kein Kind.
Darum hatten wir damals das Pferd dann Bubi getauft. –

Weil nun die Holzpreise so unerschwinglich sind;
Und ich nun doch schon seit Donnerstag
Nicht mehr angestellt bin, weil ich nicht mehr mag;
Haben wir's eingeteilt. Und zwar:
Die Schaukel selbst für November,
Kopf und Beine Dezember,
Rumpf mit Sattel für Januar.

Ich gehe nie wieder in die Fabrik.
Ich habe das Regelmäßige dick.
Da geht das Künstlerische darüber abhanden.
Wenn die auch jede Woche bezahlen,
Aber nur immer Girlanden und wieder Girlanden
Auf Spucknäpfe malen,
Die sich die Leute doch nie begucken,
Im Gegenteil noch drauf spucken, – –
Das bringt ja ein Pferd auf den Hund.

Als freier Künstler kann ich bis mittags liegen
Bleiben. – Na und die Frau ist gesund.
Es wird sich schon was finden, um Geld beizukriegen.
Anna und ich haben vorläufig nun
Erst mal genug mit dem Bubi zu tun.
Rumpf zersägen, Beine rausdrehn,
Nägel rausreißen, Fell abschälen.

Darüber können Wochen vergehn.
Das will auch gelernt und verstanden sein,
Sonst kann man sich daran zu Tode quälen.
Solches Holz ist härter als Stein.
Dann spalten und Späne zum Anzünden schneiden
Und tausenderlei.
Aber das tut uns gut, uns beiden,
Sich mal so körperlich auszuschwitzen.

Außerdem kann man ja dabei
Ganz bequem auf dem Sofa sitzen;
Raucht seine Pfeife, trinkt seinen Tee,
Und vor allem: Man ist eben frei!
Man hat sein eigenes Atelier.
Man hat seinen eigenen Herd;
Da wird ein Feuerchen angemacht –
Mit Bubipferd –,
Daß die Esse kracht.
Und die Anna singt und die Anna lacht.
Da können wir nach Belieben
Die Arbeit auf später verschieben.

Denn wenn man das Gas uns sperren läßt
Oder kein Bier ohne Bargeld mehr gibt,
Dann kriechen wir gleich nach Mittag ins Nest
Und schlafen, solange es uns beliebt.

Freilich: Der feste Lohn fällt nun fort,
Aber die Freiheit ist auch was wert.
Und das mit dem Schaukelpferd
Ist jetzt unser Wintersport.

Ich ward beschenkt für ein Gedicht

Unbekannt hat mir zugesandt:
Ein blondes Löckchen,
Eines früh verstorbenen Kindes Löckchen;
Leicht wie ein Schneeflöckchen,
Rührend wie ein Lämmerglöckchen
Aus Spielzeugsland.

»Dank einer Mutter« stand
Als Unterschrift geschrieben.

Wenn wieder Weihnachten wird sein,
Hängen an unsrem Baum nicht zwei
Kinderlöckchen, nein diesmal drei.
Eins davon von einem Engelein.

Alles, was ich in schlichten Feierstunden
Mit den wenigen, treuen Freunden empfunden,
Was sie von Herzen mir zum Herzen gaben,
Habe ich tief in meiner Seele begraben. – –
Manchmal in weihevoll sinnender Dämmerzeit
Schleicht an das Grab die tröstende Einsamkeit,
Legt ein Sträußchen duftender Blüten nieder,
Flüstert ein Wort des Dankes und scheidet wieder.

Traurig geworden

Traurig geworden im Denken,
Traurig ohne Woher.
Als könnte mir niemand mehr
Etwas schenken.

Kann selbst doch niemandem mehr
Etwas schenken.
Nicht daher – ich weiß nicht, woher –
Kommt mir das traurige Denken.

Es pickt eine Krähe im Schnee.
Vergraben im Schweigen
Hängt gramvoll ein winzig Wehweh
Unter rauschenden Zweigen.

Schnee

Zwischen den Bahngeleisen
Verтränt sich morgenroter Schnee. – –
Artisten müssen reisen
Ins Gebirge und an die See,
Nach Leipzig – und immer wieder fort, fort.
Nicht aus Vergnügen und nicht zum Sport.
Manchmal tut's weh.

Der ich zu Hause bei meiner Frau
So gern noch wochenlang bliebe;
Mir schreibt eine schöne Dame:
»Komm zu uns nach Oberammergau.
Bei uns ist Christus und Liebe,
Und unser Schnee leuchtet himmelblau.« –
Aber Plakate und Zeitungsreklame
Befehlen mich leider nicht dort-,
Sondern anderwohin. Fort, fort.

Der Schnee ist schwarz und traurig
In der Stadt.
Wer da keine Unterkunft hat,
Den bedaure ich.

Der Schnee ist weiß, wo nicht Menschen sind.
Der Schnee ist weiß für jedes Kind.
Und im Frühling, wenn die Schneeglöckchen blühn,
Wird der Schnee wieder grün.

Beschnuppert im grauen Schnee ein Wauwau
Das Gelbe,
Reißt eine strenge Leine ihn fort. –
Mit mir in Oberhimmelblau
Wär's ungefähr dasselbe.

Ruf zum Sport

Auf, ihr steifen und verdorrten
Leute aus Büros,
Reißt euch mal zum Wintersporten
Von den Öfen los.

Bleiches Volk an Wirtshaustischen,
Stellt die Gläser fort.
Widme dich dem freien, frischen,
Frohen Wintersport.

Denn er führt ins lodenfreie
Gletscherfexlertum
Und bedeckt uns nach der Reihe
All mit Schnee und Ruhm.

Doch nicht nur der Sport im Winter,
Jeder Sport ist plus,
Und mit etwas Geist dahinter
Wird er zum Genuß.

Sport macht Schwache selbstbewußter,
Dicke dünn, und macht
Dünne hinterher robuster,
Gleichsam über Nacht.

Sport stärkt Arme, Rumpf und Beine,
Kürzt die öde Zeit,
Und er schützt uns durch Vereine
Vor der Einsamkeit,

Nimmt den Lungen die verbrauchte
Luft, gibt Appetit;
Was uns wieder ins verrauchte
Treue Wirtshaus zieht.

Wo man dann die sporttrainierten
Muskeln trotzig hebt
Und fortan in Illustrierten
Blättern weiterlebt.

Silvester

Daß bald das neue Jahr beginnt,
Spür ich nicht im Geringsten.
Ich merke nur: die Zeit verrinnt
Genau so wie zu Pfingsten,

Genau wie jährlich tausendmal.
Doch Volk will Griff und Daten.
Ich höre Rührung, Suff, Skandal,
Ich speise Hasenbraten.

Mit Cumberland, und vis-à-vis
Sitzt von den Krankenschwestern
Die sinnlichste. Ich kenne sie
Gut, wenn auch erst seit gestern.

Champagner drängt, lügt und spricht wahr.
Prosit, barmherzige Schwester!
Auf! In mein Bett! Und prost Neujahr!
Rasch! Prosit! Prost Silvester!

Die Zeit verrinnt. Die Spinne spinnt
In heimlichen Geweben.
Wenn heute nacht ein Jahr beginnt,
Beginnt ein neues Leben.

Was würden Sie tun, wenn Sie
das neue Jahr regieren könnten?

Ich würde vor Aufregung wahrscheinlich
Die ersten Nächte schlaflos verbringen
Und darauf tagelang ängstlich und kleinlich
Ganz dumme, selbstsüchtige Pläne schwingen.

Dann – hoffentlich – aber laut lachen
Und endlich den lieben Gott abends leise
Bitten, doch wieder nach seiner Weise
Das neue Jahr göttlich selber zu machen.

Silvester

Es gibt bei Armen und Reichen
So manche Herzen bang und still;
Aus manchem dieser Herzen will
Die Sorge nimmer weichen.

Ich bin einer neuen Idee auf der Spur
Und überlege sie sehr:
Man sollte armen Leuten nur
Gutes tun oder sagen,
Ohne vorher oder hinterher
Nach ihnen zu fragen.

Wer hat das wohl zuerst bestellt,
Was nun so glatt sich leiert:
Daß jeder Stand und alle Welt
Terminlich trauert und feiert.

So wünschlein-pünschlein den andern gleich
Will ich mich nüchtern betrinken,
Um gegen Morgen durchs Federweich
In Kaktusträume zu sinken.

Etwa: Daß eine Mutschekuh,
Die vollgefressen mit Heu war,
Mein Zimmer betrat und rief mir zu:
»Prost Neujahr, Herr Doktor, prost Neujahr!«

In der Neujahrsnacht

Die Kirchturmglocke schlägt zwölfmal Bumm.
Das alte Jahr ist wieder 'mal um.
Die Menschen können sich in den Gassen
Vor lauter Übermut garnicht mehr fassen.
Sie singen und springen umher wie die Flöhe
Und werfen die Mützen in die Höhe.
Der Schornsteinfegergeselle Schwerzlich
Küßt Herrn Conditor Krause recht herzlich.
Der alte Gendarm brummt heute sogar
Ein freundliches: Prosit zum neuen Jahr.

Silvester

Wenn der Christbaumschmuck – soweit nicht
                                aufgefressen –
Speicherwärts sich drückt in die Vergessen-
heit, dann – gänsehalsig – nadelnstreuend –
Fliegt die Tanne in die Küche.
Und von da an geht, uns hoch erfreuend,
Auch das alte Jahr sanft in die Brüche.

Wenn Gerüche aus der Küche
Lieb in unsre Nasenlöcher lachen:
    Karpfen, den man blau gemacht,
    Punsch, uns selber blau zu machen,
    Krapfen, die im Fett geschwommen –
Ach, wer möchte dann nicht wachen
    Bis zur Mitternacht?

    (Hier überspringen wir ein Stück;
    Wir kommen später drauf zurück.)

Wenn der Briefeträger oder Schornsteinfeger
Oder jemand Unreelles
Schrill in unsre Katerträume läutet
Und schon vor der Tür, die noch verrammelt
Ist, den heißempfundenen Glückwunsch stammelt,
Der auf ein traditionelles
Trinkgeld deutet;

Wenn wir bald darauf die Massen
Von so sinnigen, aparten

Glückwunschkarten
Kriegen, doch nicht lesen, noch erwarten,
Aber selber hundertweis verschicken – lassen;
Ja, dann ist das neue Jahr mobil.

Niemand spricht beim Kaffee viel.
Und es äußert sich der Unfug dieses Lebens
Und des gestrigen silvestrigen
In Geräuschen des Sichübergebens.
Im Bureau verwickeln sich Bilanzen
Unentwirrbar. – Weiße Mäuse tanzen.

*

Schauen wir nun rückbezüglich
Auf die Zwischenzeit, die so vergnüglich
Uns zum Vorwand dient und uns bewegt,
Weil man sie die Jahreswende nennt,
Oder weil im kritischen Moment
Manche Uhr (wie täglich) zwölfmal schlägt.

Punsch ward – wie bereits gesagt – genossen.
Blei und Tränen werden nun vergossen
Und ergeben rührend Mysteriöses,
Wie es uns für solchen Zweck genügt.
Wir sind froh.
    Und wenn morgen nicht die Presse andres lügt,
Tut um diese Stunde nirgendswo
Irgendjemand irgendwem was Böses.

Reden über Zukunft sind im Gange.
Zähe kurze, mittlere und lange.
Wer nicht reden kann, versucht die Loreley

Oder Schnadahüpfl vorzusingen.
Gläser und Terrinen klingen
Oder gehn bedeutungsvoll entzwei.
Nunmehr lauscht man an den Fensterkreuzen,
Doch vernimmt zunächst nur fern
Einen scheinbar älteren Herrn,
Welcher anhebt, sich zum letztenmal in diesem Jahr
          zu schneuzen.

Plötzlich hört die leichtgestörte
Menschheit auch das Unerhörte.
Zwölfmal schlägt es zu verschiedenen Malen.
Fenster öffnen sich. Gesichte strahlen.
Bolde sinken trunken in die Knie.
Manche Greise küssen ihre Greisin,
Und, wenn keine Enkelchen dabei sin,
Gähnen sie.

Je nach Stärke der vertilgten Pünsche
Äußert jeder seine Wünsche.
Eltern geben allgemeinen Segen.
– isten hoffen einem Putsch entgegen.
Droschkenkutscher wollen »egal Regen«.
Fußballspieler wollen Sonnenschein,
Trinker Wein.
Ärzte wünschen ihren Nachbarn Krankheit.
Dicke Damen möchten Schlankheit,
Magere ersehnen Rundheit.
Nach Schanghai wünscht sich der Niegereiste.
Und im übrigen zielt wohl das meiste
Nach viel Geld und ewiger Gesundheit.

Solche Rührerei entwickelt sich
Ähnlich nun auch öffentlich.
Galgen und Kanonen biegen sich.
Ganz wildfremde Menschen liegen sich
In den Armen oder in den Haaren.

Und der Tatbestand ist nie
Später festzustellen,
Weil gerade die Beamten, die
Angestellt sind, sowas aufzuhellen,
In diesen Augenblicken notwendigerweise
                        ihre Uhren stellen.

Uhrstellen ist um diese Zeit
Überhaupt von solcher Wichtigkeit,
Daß es jede Gegnerschaft versöhnen
Würde, käme nicht das Glockendröhnen
Und das Brasseln, Knallen, Zischen,
Von dem Gassenjungen-Feuerwerk,
Welches jeden ernsten Augenmerk
Ablenkt, unverschämt dazwischen.

Zeit und Menschen sind verrückt.

Zwischen zweier Jahre Sarg und Windel
Wiederholt sich immer solch historischer Schwindel,
Der zumal Kalenderfabrikanten
Und viele alte antitot gesinnte Tanten
Hochbeglückt.

Und auch mich.
Prosit Neujahr, Brüder!

Ich bin heute lüder-
lich.
Ja, ich brülle und betrinke mich.
Mich schlägt keine Uhr. Und ich wünsche
                   jedem Menschen nur:
Daß von dem, was er mit losem Munde
Heute erfleht,
Möglichst wenig in Erfüllung geht.
Weil die Welt mir doch zu jeder Stunde
So am richtigsten erscheint, wie sie besteht.

Stelzebehns Silvesterfest

Rentmeister Adolf Stelzebehn –
Obwohl einer der fleißigsten
Beamten, die im Staatsdienst stehn –
Der pflegt am einunddreißigsten
Dezember nicht zu Bett zu gehn.
Er hält's wie viele Leute:
Er speist am Abend mit der Frau
Und seinem Sohne Karpfen blau
Und detailliert dabei genau,
Was dieser Tag bedeute.
Um zehn Uhr fünfzig wird dem Sohn,
Der dazu von dem Vater schon
Seit Jahren angeleitet
Ist und studiert und überhaupt –
Wird also diesem Sohn erlaubt,
Daß er den Punsch bereitet.
Halb zwölf Uhr muß er fertig sein.
Inzwischen bringt das Mädchen
Das sämtliche Stanniol herein,
Das man von Schokolädchen,
Von Tabak, Seife, Camembert
Sowie auch von der Straße her
Sammelte unverdrossen.
Dann wird mit Hilfe dieses Zinns
Und in Erwartung tiefsten Sinns
Ganz ängstlich Blei gegossen.
Nun darf das Mädchen auswärts gehn
Zu ihrem Bleisoldaten.
Derweil die Leute Stelzebehn

An dem Gegoßnen raten
Und Wunder was im Garnichts sehn.
Dreiviertel zwölf wird Vater weich,
Die andern folgen ihm sogleich,
Und teils die Gläser füllend,
Teils sich in Schweigen hüllend,
Ernst, brauchgemäß bemeistern sie
Des Jahres Schlußmelancholie.
Ergriffen wie die Engel,
So warten sie und sehen nur
Die Uhr, die Uhr, die Uhr, die Uhr.
Dann greift die Hand zum Stengel
Des Glases. Die Balkontür kracht.
Drei Stimmen rufen durch die Nacht
In Glockenlärm und Prostgeschrei:
»Prost Neujahr!« Und dann küssen
Sie sich (die Mutter gähnt dabei).
Dann gehen sie zu Bett, die drei,
Weil sie früh aufstehen müssen.
So war das stets und jedes Jahr,
Bis einmal, da es anders war.
Damals – wie andre in der Not
Der Zeit gehaltlich abgebaut –
Aß Adolf Wurst mit Sauerkraut
Statt Karpfen blau zum Abendbrot.
Darüber schimpfte er schon laut.
Um zehn Uhr fünzig kam heraus:
Das Mädchen war schon außer Haus
Und hatte nicht nur als sowohl
Ihr Eigentum wie das Stanniol,
Fünf Löffel und ein Grammophon
Mit sich davongenommen.

Dann war zum erstenmal der Sohn
Mit blutgeschwollner Schläfe
Um elf erst heimgekommen.
Er äußerte, er sei nicht wohl,
Was das Stanniol beträfe,
So sei der Fall verschwommen,
Doch wolle er als studio jus
Auf keinen Diebstahl hoffen,
Zwar – –. Kurz, man merkte aus dem Schmus:
Er war total besoffen.
Der Vater brummte: »Unerhört!«
Die Frau beschwichtigte verstört.
Der Sohn sprach nichts, doch lachte.
Worauf der Vater sich empört
Selbst an die Bowle machte.
Die Mutter aber dachte
Tief nach, was man nun gieße.
Halb zwölf Uhr prägte sie den Satz,
Daß Zelluloid als Bleiersatz
Vielleicht sich gießen ließe.
Die Mutter sprach's und seufzte tief.
Der Vater schwieg, der Sohn, der schlief.
Und so verging geraume Zeit.
Der Zeiger wies dreiviertel schon.
Plötzlich erwachte Adolfs Sohn
Sowie ein allgemeiner Streit.
Der Vater, der beim Punsch zerstreut
Spie, schlürfte, spie und schlürfte,
Rief, daß der Satz vom Zelluloid
Ein großer Quatsch sein dürfte.
Der Sohn, obwohl gar nicht im Bild,
Erklärte, das sei Lüge.

Auf Lüge wurde Vater wild.
Mutter erteilte Rüge.
Die Rüge kam in falschen Hals,
Nicht in den Hals des Jungen.
Der Vater brummte: – – andernfalls
Sähe er sich gezwungen –.
Die Mutter schrie, das sei zuviel.
Der Sohn verkniff das Wort senil.
Der Streit ging in die Breite.
Man schimpfte, drohte, log und schwur.
Und jeder hatte dabei nur
Sich selbst auf seiner Seite.
Bis Stelzebehns ererbte Uhr
Auf einmal dreizehn Schläge schlug.
Das war so ungewöhnlich,
Daß alles sich versöhnlich
Die Hände gab und sich vertrug.
Die Mutter jammerte, sie sei
Ein Schaf und Zelluloid kein Blei.
Der Sohn bat unter Tränen,
Die Sache mit dem Alkohol
Sowie den Fall mit dem Stanniol
Nie wieder zu erwähnen.
Da trug der Vater Adolf froh
Den ganzen Punsch zum Waterclo.
So schien für alle Zeit vertuscht,
Daß er den Punsch total verpfuscht,
Da er, als er ihn mischte,
Statt Zucker Salz erwischte.
Nun küßte der Familienbund
Sich gegenseitig auf den Mund,
Und die Balkontür krachte.

Unten war große Keilerei.
Die Kirchentürme schlugen zwei –
Und ein Betrunkner lachte.
Die Sternlein blinkten mild und klar,
Als ob von dem, was ist und war,
Sie keine Ahnung hätten.
Rentmeisters riefen: »Prost Neujahr!«
Und gingen in die Betten.
Nur daß der Stelzebehnpapa
Noch mehrmals nach dem Punsche sah.
Wenn ihr nun, liebe Leser,
Euch füllt Silvestergläser,
Dann sei kein Salz in eurem Punsch.
Und möge – dies mein zweiter Wunsch –
Das Fest euch fröhlicher vergehn,
Als es verging Herrn Stelzebehn.

Flugzeug am Winterhimmel

Ich fliege im Flockengewimmel.
Ach, guter Himmel, laß das doch sein!
Ich Flugriese bin nur klein Vögelein
Gegen dich, schüttender Himmel.

Sag Schneegestöber, ich bäte es sehr,
Ein wenig nachzulassen.
Denn meine Flügel tragen schon schwer
An sechs ganz dicken Insassen.

Die spielen Karten in meinem Leib
Und trinken, weil sie so frieren.
Und wollen nach Zoppot, um Zeitvertreib
Und Örtliches zu studieren.

Und käme ich dort nicht pünktlich hin,
Die würden es niemals verzeihen.
Lieber Himmel, wenn ich gelandet bin,
Dann darfst du gern wieder schneien.

Silvester bei den Kannibalen

Am Silvesterabend setzen
Sich die nackten Menschenfresser
Um ein Feuer, und sie wetzen
Zähneklappernd lange Messer.

Trinken dabei – das schmeckt sehr gut –
Bambus-Soda mit Menschenblut.

Dann werden aus einem tiefen Schacht
Die eingefangenen Kinder gebracht
Und kaltgemacht.
Das Rückgrat geknickt,
Die Knochen zerknackt,
Die Schenkel gespickt,
Die Lebern zerhackt,
Die Bäuchlein gewalzt,
Die Bäckchen paniert,
Die Zehen gesalzt
Und die Äuglein garniert.

Man trinkt eine Runde und noch eine Runde.
Und allen läuft das Wasser im Munde
Zusammen, ausnander und wieder zusammen.
Bis über den feierlichen Flammen
Die kleinen Kinder mit Zutaten
Kochen, rösten, schmoren und braten.

Nur dem Häuptling wird eine steinalte Frau
Zubereitet als Karpfen blau.

Riecht beinah wie Borchardt-Küche, Berlin,
Nur mehr nach Kokosfett und Palmin.

Dann Höhepunkt: Zeiger der Monduhr weist
Auf zwölf. Es entschwindet das alte Jahr.
Die Kinder und der Karpfen sind gar.
Es wird gespeist.

Und wenn die Kannibalen dann satt sind,
Besoffen und überfressen, ganz matt sind,
Dann denken sie der geschlachteten Kleinen
Mit Wehmut und fangen dann an zu weinen.

Der letzte Tag vergangnen Jahrs

Ich ging auf Abenteuer
Durch finsteres Gassengewirr.
Ein Fenster in schiefem Gemäuer.
Inseits ein leises Geklirr
Und ein kleines, bläuliches Feuer. –
Durchaus ganz geheuer:
Feuerzangen
Bowle. Bin weitergegangen.

Das Eckhaus ist ein Bordell,
Die ganze Stadt weiß es.
Ich ging ganz langsam, nicht schnell,
Wegen des Glatteises
Hin und hinein.
Da saß unterm Christbaum allein
Ein magerer Zuhälter.
Er konnte siebzig, auch älter,
Er konnte auch Lebegreis sein.

Wir wechselten falsche Namen,
Und weil gar keine Damen
Da waren, sangen wir traurig ein Lied,
Seltsam war die Stimme des Greises.
Ich schied,
Schlich langsam wegen des Glatteises.

Das glättste von allen Wintern,
Die je ich erlebt.
Kein Sand gestreut.

Man geht – sitzt auf dem Hintern,
Hat nichts gebrochen – erhebt
Sich wieder – und sitzt erneut.

Quer übern Weg plötzlich lief
Eine Katze. Also: ich trat
Schnell drei Schritt zurück. Da rief
Hinter mir »Au!« ein Marinesoldat.

Wir gestanden als Wasserratten,
Was wir zuvor schon getrunken hatten.
Wir haben uns an-ahoit.
Kein Sand war gestreut.
Wir lagen. – Was soll ich lange noch sagen –
Liefen, lagen, liefen –.

Und riefen
Die Damen herunter, wollten was tun,
Wildes, wie Stierkampf oder Taifun.
Doch wir entschliefen
Ohne Weiber unter dem Baum.
Der Lebezuhälter
Pfiff rückwärts im Traum.

Der nächste Tag war viel kälter.

Der Glückwunsch

Ein Glückwunsch ging ins neue Jahr,
Ins Heute aus dem Gestern.
Man hörte ihn sylvestern.
Er war sich aber selbst nicht klar,
Wie eigentlich sein Hergang war
Und ob ihn die Vergangenheit
Bewegte oder neue Zeit.
Doch brachte er sich dar, und zwar
Undeutlich und verlegen.

Weil man ihn nicht so ganz verstand,
So drückte man sich froh die Hand
Und nahm ihn gern entgegen.

Eis-Hockey

Wenn die Hockeyhölzer hackeln,
Wenn die Schlittschuhschnörkel schnackeln
Und die Gummischeibe schnellt
Mir ans Kinn anstatt zum Ziele,
Dann empfinde ich die Spiele
Einer sportlich reifen Welt.
Mehrmals, wie in früheren Wintern,
Setzen zwei sich auf den Hintern,
Was an sich mir sehr gefällt.

Doch ich habe einen Schnupfen
Und kein Taschentuch zum Tupfen.
Auch zerbrach mir mein Monokel.
Und der Kampf bleibt unentschieden.
Also geh ich unzufrieden
Heim. Und hab von dem Gehockel
Nur den fraglichen Gewinn:
Eine Beule links am Kinn.

Hinter mir klingt etwas froh
Etwa so:
»Dem Verband Zentralafrikanischer
            Eishockeyspieler drei Hurras!«
Hurra! Hurra! Hurra!

Lebhafte Winterstraße

Es gehen Menschen vor mir hin
Und gehen mir vorbei, und keiner
Davon ist so, wie ich es bin.
Es blickt ein jedes so nach seiner
Gegebenen Art in seine Welt.

Wer hat die Menschen so entstellt??

Ich sehe sie getrieben treiben.
Warum sie wohl nie stehenbleiben,
Zu sehen, was nach ihnen sieht?
Warum der Mensch vorm Menschen flieht?

Und eine weiße Weite Schnee
Verdreckt sich unter ihren Füßen.
So viele Menschen. Mir ist weh:
Keinen von ihnen darf ich grüßen.

Stille Winterstraße

Es heben sich vernebelt braun
Die Berge aus dem klaren Weiß,
Und aus dem Weiß ragt braun ein Zaun,
Steht eine Stange wie ein Steiß.

Ein Rabe fliegt, so schwarz und scharf,
Wie ihn kein Maler malen darf,
Wenn er's nicht etwa kann.
Ich stapfe einsam durch den Schnee.
Vielleicht steht links im Busch ein Reh
Und denkt: Dort geht ein Mann.

Neujahrsnachtfahrt

Wenn du nachts in ein Auto steigst
Und dir ist bang und winterlich zu Mut,
Und du dem Chauffeur die Richtung zeigst,
Und sagst: »Sie fahren gut.«

Wenn du so den Kopf des Wagenlenkers lenkst,
Daß er's gar nicht gewahrt,
Wie du traurig bist und an Sterben denkst, –
Das ist nächtliche Fahrt.

Draußen leuchtet Volk und lacht und schießt. –
Mitlächelnd denkst du fremdwärts still
An etwas, was du vom Flugzeug aus siehst,
An ein Flüßchen, das unter dir weit fließt
Sohin, dorthin, wo es muß; nicht will.

Simplicissimus-Träume
3. Traum

Zu Neujahr war's, im Simpel früh halb sieben.
Ich wäre gern bei Kathi noch geblieben,
Doch da sie mich hinauswarf ohne Schonung,
Kroch ich in meine Junggesellen-Wohnung.
Im Simpel hatte ich viel Punsch getrunken,
Ich war um zwölf schon untern Tisch gesunken
Und war am ganzen Körper wie zerschlagen.
Ich hatte ein Gedichtchen vorgetragen,
Das ich die Nacht vorher erst ausgeschwitzt,
Und nun daheim, ermüdet und erhitzt,
Wollt ich mit wohligem Empfinden
Mit einem Salto in mein Bett verschwinden.
Da hört ich Schritte auf des Vorsaals Stufen.
Es klopfte. – Eh ich noch »Herein« gerufen,
Trat in mein Zimmer mit bescheidnem Gruß
Die Kathi aus dem Simplicissimus.
»Hausdichter«, sprach sie auf meine Frage,
»Verzeih, wenn ich so spät zu stören wage.
Ganz reizend war – das wollt ich Dir nur sagen –
Was heute Du im Simpel vorgetragen,
Jedoch ich weiß, die Kunst geht durch den Magen.
Mir ist bekannt, Du lebst ein wenig ärmlich,
Und Deine Honorare sind erbärmlich.
Gestatte, daß ich mich veranlaßt sehe – –
Und Dir ein wenig nun zur Seite stehe
Du hast so manche Nacht für mich durchwacht,
Hast manch' Gedichtchen auch für mich gemacht,

Erlaube, daß ich jetzt mich revanchiere
Und eine Kleinigkeit Dir dediziere.«

Ein Schauer lief mir da vom Kopf zur Zeh,
Ich stammelte nur: »Kathi, holde Fee!«
Die Kobus aber nahm ihr Portemonnaie,
Griff tief hinein mit Würde und Bedacht – –

Ach, lieber Gott, da – – bin ich aufgewacht.

Guten Morgen, Liebling! Gestern nacht
Hat ein Kerl mich überfallen,
Wollte mich niederknallen,
Schrie: »Geld her!« und schoß.
Ich habe ihm fünf auf den Schädel gekracht:
Hammer auf Am – bam – bam – bam – boß.
Das hat mein Haustürschlüssel gemacht.

Und heute starb er im Lazarett.
Was der wohl noch dachte – zuletzt –
                    auf dem Sterbebett?

Und was soll ich denken?
Welche Mächte die Kugeln lenken –
Not und Irrtum – Notwehr und Reue –?
Ob ich lache? Ob ich mich freue,
Weil dieser Kerl danebengezielt
Mich Armen für einen Reichen hielt –?

Erfrorenes Vögelchen früh
Auf meinem Fensterbrett. –
Draußen: tut – kling – hottehüh! –

Der Großstadtverkehr. –
Da kroch ich noch einmal ins Bett.
Denn ich friere so sehr. –

Wenn ich ein Vöglein wär –
Ja schön, aber kalt ist es hier …

Und so lange getrennt zu sein …
Erfrorenes Vögelein –
Flög ich zu dir.

Winterflug 1929

Merkwürdig: Durch meine Lebenszeit
War ich wie gegen Tod gefeit.
Weiß heute wohl, warum.
Als ich noch nicht es wußte, war
Gott immer bei mir in Gefahr,
Weil ich nicht – – eben darum.

Unter mir: Tausend Bäume stehen,
Kahlfressen wie von Ratten,
Und werfen auf den Schnee, die Schneen
Gleichviel blauzarte Schatten.

Wenn man vom Flugzeug niederblickt
Auf so verschneite Welt,
Dann glaubt man nicht mehr an Durchlaucht.

Ich hätte gar zu gern geraucht
Und einen Meukow mir bestellt
Und eine Frau vor mir gezwickt.

Die neuen Fernen

In der Stratosphäre,
Links vom Eingang, führt ein Gang
(Wenn er nicht verschüttet wäre)
Sieben Kilometer lang
Bis ins Ungefähre.

Dort erkennt man weit und breit
Nichts. Denn dort herrscht Dunkelheit.
Wenn man da die Augen schließt
Und sich langsam selbst erschießt,
Dann erinnert man sich gern
An den deutschen Abendstern.

Nachwort

»Da warf ihn ab sein schwarzes Roß – / Bums! fiel der Reiter in das Moß. / Es klitzerte sein blankes Schwerd – / Hobbs! saß er wieder auf dem Ferd!« Diese zumindest orthographisch originellen Verse stammen aus einer *Balllahde*, die der neunjährige Joachim Ringelnatz, der zu dieser Zeit noch Hans Bötticher heißt, zu Weihnachten 1892 gedichtet hat. Es ist das erste Gedicht des Autors, von dem wir Kenntnis haben. Überliefert ist es durch ein kleines Weihnachtsbüchlein des Vaters, des humoristischen Schriftstellers und Gebrauchsgraphikers Georg Bötticher. An besagtem Heiligen Abend im Hause Bötticher, so der väterliche Bericht, der hier im übrigen ein typisches bürgerliches Familienidyll des späten 19. Jahrhunderts schildert, trägt Hans' ältere Schwester Ottilie die Verse unter besonderer Betonung der Fehler vor und bricht in unbändiges Gelächter aus. Der junge Dichter ist beleidigt.[1]

Diese Schmach kann Hans freilich nicht davon abhalten, auch weiterhin Gedichte zu familiären Geburts- oder Festtagen zu verfertigen und sie mit kleinen Zeichnungen oder Karikaturen zu illustrieren. Zu sehr ist er sich des Wohlwollens des geliebten Vaters, dessen Vorbild er nacheifert, gewiß.

Von einer Art »Weihnachtstrauma«, etwa einer in Kindheit und Jugend begründeten Abneigung gegen weihnachtliche Gebräuche, bürgerliche Behaglichkeit und sentimentale Seelenlagen, kann bei Ringelnatz keineswegs die Rede sein, im Gegenteil, für den Jungen ist es stets »das Fest der Seligkeit, der Herzlichkeit, der Anhänglichkeit, des Reichtums, des Glücks«,

1 Georg Bötticher: Meine Lieben. Ein Weihnachtsbüchlein. Leipzig: R. Maeder [1897], S. 15. Zit. nach: Helga Bemmann: Daddeldu, ahoi! Leben und Werk des Dichters, Malers und Artisten Joachim Ringelnatz. Berlin 1980, S. 15 f.

wie er in *Des Jahres Feste* schreibt (S. 11). Nicht nur das frühe Gedicht *Der Weihnachtsbaum* (S. 20) scheint die Stimmung am Heiligen Abend im Kreis der Familie recht gut wiederzugeben, überhaupt zeigen nahezu sämtliche Weihnachtsgedichte Ringelnatz', wie sehr dieser seiner Kindheitserfahrung – auch und gerade im Bewußtsein des Unwiederbringlichen – liebevoll, sentimental und auch mit Humor verbunden bleibt.

Vertrauter ist uns allerdings der Ringelnatz, der das Fest der Liebe in seiner Lyrik weit weniger besinnlich zelebriert. So gehört *Die Weihnachtsfeier des Seemanns Kuttel Daddeldu* (S. 39), diese Sauf-und-Rauf-Ballade, wohl zu den populärsten Weihnachtsgedichten dieses Autors, der, trug er es auf der Bühne vor, mit andächtiger Kunstpause und imaginiertem Lichterglanz in den Augen die Verse vom brennenden Weihnachtsbaum und vom entflammten Mobiliar zum Besten gab.[2]

Doch ist solch pyromanische Lust, solch drastische Komik nicht erst jenem Ringelnatz eigen, der, dem bürgerlichen Leben entflohen, selbst als Seemann viele Jahre lang die Welt bereist hat. Schon der kleine Hans Bötticher verfügt über eine allem weihnachtlichen Sentiment abholde Phantasie, folgt man dem autobiographischen Bericht des Autors: »Zu Weihnachten erhielt Ottilie von Onkel Martin entzückende, weiße, prachtvoll bestickte Seide für ein Kleid. Ich warf ein glühendes Streichholz auf den Stoff und hinderte meine Schwester gewaltsam, das zu entfernen. Auf ihr Gezeter sprangen Mutter und Bruder hinzu. Sie entdeckten, daß mein Streichholz ein angekohltes, aber längst ausgekohltes Zündholz war. An

2 Herbert Günther: Ringelnatz mit Selbstzeugnissen und Bilddokumenten. Rowohlt. 9. Aufl. 2006, S. 118.

der Stelle, wo Verkohlt und Unverbrannt sich trafen, hatte ich einen schmalen roten Stanniolstreifen um das Hölzchen gewunden. Der wirkte in der Kerzenbeleuchtung wie Glut. Ich freute mich meiner kleinen Erfindung«.[3]

Dem kindlichen Quälreiz, der mitten in schönster Feststimmung eine kleine Bombe plaziert, folgt einige Jahre später die jugendliche Instrumentalisierung und Zweckentfremdung traditioneller Weihnachtsrequisiten: Der Quintaner Bötticher besucht in den Schulpausen regelmäßig den neben der Schule gelegenen Leipziger Zoo, für den er ein Abonnement besitzt. Als dort eine der damals populären Völkerschauen präsentiert wird, »drei Samoaner mit dreiundzwanzig Samoanerinnen« sind diesmal zur Schau gestellt, kann sich der Vierzehnjährige an den leichtbekleideten Frauen nicht sattsehen. In Ermangelung eines ausreichenden Taschengeldes, das ihm erlaubt hätte, den exotischen Schönheiten galante Geschenke zu machen, stiehlt Ringelnatz nach und nach den gesamten Christbaumschmuck der Familie. »Bald trugen alle dreiundzwanzig Insulanerinnen Glaskugeln, kleine Weihnachtsmänner, Schokoladeherzen und Zuckerfiguren, Wachsengel und Ketten im Haar. Sie dankten mir, indem sie mich anlächelten oder über mein blondes Haar strichen, was mich beseligte. Aber eine von ihnen erfüllte mir eines Tages meinen Wunsch, mir ein ›H‹ auf den Unterarm einzustechen. Das geschah in der großen Unterrichtspause. Die dauerte eine Viertelstunde, das Tätowieren aber einundeinehalbe Stunde.« Als Ringelnatz also mit großer Verspätung die Klasse betritt, geht er aufrecht am Lehrer vorbei an seinen Platz und anwortet auf dessen Frage, wo er gewesen sei, stolz: »Ich habe mich tätowieren las-

---

3 J.R.: Mein Leben bis zum Kriege. Berlin 1931, S. 33.

sen!«[4] Natürlich muß er, dessen Aussichten auf dem Gymnasium ohnehin »hoffnungslos« waren, dieses sofort verlassen und seine Schulkarriere notgedrungen in einer Privat-Real-schule, einer sogenannten »Presse«, bis zum Einjährig-Frei-willigen-Examen, der Obersekundareife, fortsetzen.

Kaum der Schule entkommen, packt Ringelnatz die Abenteuer- und Reiselust. 1901 heuert er, mit Einverständnis der Eltern, als Schiffsjunge auf dem Segelschoner »Elli« an. Bis 1903 wird er zur See fahren und die Welt sehen – Belize, Venedig, Konstantinopel, Odessa, Algier, Boston, New York, Antwerpen, Lissabon, Rio de Janeiro, Buenos Aires, Narvik … Doch schon bald entpuppt sich die Vorstellung, das Leben auf See bedeute vor allem Freiheit und Abenteuer, Romantik und Exotik, als Illusion. Sein Schiffsjungen-Tagebuch, das er 1911 veröffentlicht, wie seine 1931 erschienene Autobiographie *Mein Leben bis zum Kriege* berichten von der Schinderei auf den Schiffen, den Mißhandlungen an Bord, der Schwierigkeit, Heuer zu finden, den Gelegenheitsjobs in den Häfen.

Am Heiligen Abend 1901 streift Ringelnatz ohne Stellung, obdachlos, frierend und hungrig durch die reichen Stadtviertel Hamburgs, schaut in die erleuchteten Fenster und denkt an zu Hause. Die Lebensmittel aus dem elterlichen Weihnachtspaket sind längst aufgegessen, das mitgeschickte Bargeld ausgegeben. Am folgenden Tag schreibt er seinen Eltern »einen völlig verlogenen Brief, worin ich lang und breit schilderte, wie ich mich in der Heiligen Nacht an ihren Gaben delektiert hätte, und daß ich ihrer gedenkend mit guten Freunden auf das Wohl unserer Lieben angestoßen hätte«.[5] Das Tagebuch vermerkt dagegen knapp: »Traurige Weihnacht, Hunger«.[6]

4 Ebd., S. 31.
5 Ebd., S. 171 f.
6 Günter, S. 26.

Auch Weihnachten 1902, Ringelnatz hat inzwischen als Leichtmatrose auf dem Dampfer »Numidia« angeheuert und liegt vor Maranhão im Nordosten Brasiliens, verläuft kaum idyllischer, wie der Autor in dem kurzen Prosastück »Heimweh?« schildert (S. 37). Wieder »Hunger« und »insgeheim etwas Sehnsucht« befallen die Männer, die sich aus einer Holzspiere und Handfegern einen provisorischen Weihnachtsbaum basteln und ein Weihnachtslied anstimmen.

Nach drei ebenso abenteuerlichen wie schweren Jahren auf See ist Ringelnatz wegen einer Sehschwäche zum Berufswechsel gezwungen. Er beginnt eine kaufmännische Lehre in Hamburg, die er nach Unterbrechung durch das einjährig freiwillige Dienstjahr bei der Kaiserlichen Marine fortsetzt. Und wieder packen ihn Unruhe und Erlebnishunger, folgt er dem Drang, aus dem bürgerlichen Leben auszubrechen. Nach Beendigung seiner Lehre kündigt er seine Stellung und versucht, sich als Wandermusikant durchzuschlagen. Die Reise endet in Antwerpen, wo er als Obdachloser im Gefängnis landet, bevor man ihn nach Deutschland abschiebt.

1908 zieht er zu einem Freund nach München, verdingt sich dort als Handlungsgehilfe, schreibt nebenbei humoristische Gedichte, die in der satirischen Wochenschrift *Grobian* gedruckt werden, und knüpft Kontakte zur Boheme. Bald gehört er dazu, ist »Hausdichter« in Kathi Kobus' berühmter Künstlerkneipe »Simplicissimus«, wo u.a. Erich Mühsam, Frank Wedekind, Ludwig Scharf verkehren. Allabendlich trägt Ringelnatz auf dem Podium im Hinterzimmer des überfüllten Lokals humoristische Verse vor. Um seine magere Tagesgage aufzubessern, verfaßt er Gelegenheitsdichtung, schreibt Chansons für andere Vortragskünstler und kauft im April 1909 einen Zigarrenladen in der Schellingstraße, den er »Tabackhaus Zum Hausdichter« nennt, den er jedoch wegen mangelnder Einnahmen bald wieder schließen muß.

Doch Ringelnatz will mehr, als lustige Verse vorzutragen oder sich als Gelegenheitsschriftsteller durchs Leben zu schlagen, er will als Autor ernst genommen werden. Er arbeitet an einem Roman mit dem Titel *Ihr fremden Kinder,* von dem nur Fragmente überliefert sind, und er dichtet »viel, lyrisch und sentimental«.[7] Das 1910 in einem Münchener Verlag erschienene Bändchen *Gedichte,* aus dem einige Gedichte auch in diesem Band abgedruckt sind (s. Quellenverzeichnis), versammelt die in dieser Zeit entstandene Lyrik, die noch kaum etwas ahnen läßt von der Originalität, dem spielerischen Humor, der burlesken Phantasie und auch der zarten Melancholie des Dichters Ringelnatz, und auch kaum etwas von seiner bereits erlangten Weltkenntnis und ungewöhnlichen Lebenserfahrung. Es sind naive, sentimentale Verse eines unfertigen Schriftstellers, »wie sie von Tausenden junger Schwärmer gedichtet werden, aber in ehrlichen Stimmungen mit unbeschreiblicher Leidenschaft geschrieben«, so Ringelnatz rückblickend.[8]

Seines Bohemelebens im »Simpl« und des Geizes der Wirtin Kathi Kobus überdrüssig – sein Neujahrsgedicht *Simplicissimus-Träume. 3. Traum* (S. 75) erzählt davon –, nimmt er eine Einladung des Freundes Baron von Seebach an und reist im Mai 1911 auf das Gut Halswigshof bei Riga, wo er den Sommer verbringt. Hin und wieder treffen Honorare ein, mit denen er sich über Wasser hält, oder er leiht sich Geld. Als er das Gut verlassen muß, findet er eine neue Bleibe in einem am Strand gelegenen leerstehenden Sommerhaus in Bil-

7 J.R.: Mein Leben bis zum Kriege, S. 268.
8 Ebd., S. 269.

derlingshof. Zunächst genießt er seine Einsamkeit, doch schon bald fällt das Thermometer, erwartete Honorare treffen nicht ein. Den Heiligen Abend 1911 verbringt Ringelnatz mit zwei Freundinnen aus Riga am Strand. Sie haben einen Kiefernzweig als Christbaumersatz mitgebracht, Lichter werden in den Schnee gesteckt. Die Erinnerung an diesen Abend wird er später in seiner Kriegsgeschichte *Lichter im Schnee* (1917) wiederaufleben lassen.

Im Jahr 1912 erhält Ringelnatz die Gelegenheit, bei dem Grafen Yorck von Wartenburg im schlesischen Klein-Oels als Privatbibliothekar zu arbeiten. Während dieser Zeit entstehen etliche Novellen, die in den angesehenen Münchener Zeitschriften *März* und *Jugend* gedruckt und 1913 in dem Band *Ein jeder lebt's* veröffentlicht werden. Sie bringen dem Autor erste Anerkennung als Prosaschriftsteller ein. Bereits im Jahr zuvor war ein Band mit lyrischen Grotesken, *Die Schnupftabaksdose*, erschienen, und hier endlich meldet sich der Dichter zu Wort, der später unter dem Namen Ringelnatz erfolgreich sein wird.

Anfang 1913 tritt Ringelnatz nochmals für kurze Zeit eine Stellung als Bibliothekar des Freiherrn Börris von Münchhausen an, anschließend betätigt er sich für einige Monate als Fremdenführer auf der Burg Lauenstein in Oberfranken. Im Sommer desselben Jahres kehrt er nach München zurück, tritt wieder im »Simpl« auf und trifft die alten Bekannten. Da seine schriftstellerische Laufbahn noch immer kaum Geld abwirft, entscheidet er sich spontan, einen Kursus für Schaufensterdekoration zu absolvieren, und erhält auch sofort nach Abschluß des Examens einen Auftrag: Er soll das Schaufenster eines Delikatessenhändlers weihnachtlich dekorieren. Da ihm der Händler freie Hand läßt, glaubt er »außer den erlernten technischen Kenntnissen auch meinen persönlichen künstlerischen Intuitionen freien Schwung geben zu können. Ich türmte Würstchendosen übereinander, kippte sie um, warf zwischen diesen gewollten Trümmerhaufen kunstvoll spielerisch verstreut Tannenzweiglein. Ich ließ eine Zervelatwurst wie ein Dornröschen verstrickt in Lametta hängen, ich verfolgte Perspektiven, unterbrach einen strengen Pyramidenbau aus Käsen plötzlich durch einen Teller niedlicher Pfeffergürkchen. Ich verlegte den Goldenen Schnitt um die Länge einer Gänsebrust, warf aber dafür sanfte Flocken von Wattschnee auf ein schweinisches Durcheinander von schamlosen Schinken. Als ich fertig war und mein Geld und obendrein Dank erhalten hatte, besah ich mir das Ganze noch einmal von außen. Da erkannte ich, daß es ein abscheulich kleinliches Kitschgebilde geworden war. Ich habe nie wieder ein Schaufenster dekoriert, aber ich respektiere diese Kunst.«[9]

Den Weihnachtsabend verbringt Ringelnatz bei der ihm mütterlich zugetanen Witwe »Seelchen«, Selma Kleinmichel, bei der er zeitweise gewohnt hatte, sodann bei einem Junggesellenabend im »Simpl« und endlich »bei Grammophon, Schlagermusik und Tanz in großer Zechgesellschaft« bei seinem Freund von Maassen. »Der Weihnachtsbaum dort war nicht mit vergoldeten Nüssen und Lametta, sondern mit ausgeschnittenen und rückseitig obszön bemalten Figuren aus Modejournalen verziert.«[10] Das am 30. Dezember im Münchener Weinlokal »Bunter Vogel« fertiggestellte Gedicht *Ferne Christnacht* ist leider nicht überliefert.[11]

Als der Erste Weltkrieg beginnt, ist Ringelnatz, wie viele

9 Ebd., S. 350.
10 Ebd.
11 J. R: Hauptbuch 1908-1914. In: J.R.: Das Gesamtwerk in sieben Bänden. Hrsg. von Walter Pape. Bd. 5: Vermischte Prosa. Berlin 1983, S. 225. (Im Folgenden GW.)

seiner Zeitgenossen, von vaterländischer Kriegseuphorie, von romantischen Ideen von Abenteuer und Heldentod beseelt und rückt als Bootsmannsmaat der Reserve in Kiel ein. Enttäuscht, abseits der Kämpfe Wachdienst schieben zu müssen, bemüht er sich um seine Versetzung. Für Weihnachten 1916 werden ihm endlich Beförderung und Abkommandierung an die Front in Aussicht gestellt. Vorsorglich bestellt er die neue Uniform, übt mit seinen Männern für die große Rekrutenbesichtigung und organisiert mit großem Aufwand eine Weihnachtsfeier. Er sucht Geschenke für Offiziere und Rekruten aus, tritt als Weihnachtsmann auf, begleitet die Verteilung der Präsente mit scherzhaften Versen und trägt das Kaiser, Krieg und soldatischen Heldenmut verherrlichende Gedicht *An meinen Rekrut, Weihnacht 1916* vor, das er zuvor verfaßt hat (und auf dessen Abdruck in dieser Auswahl verzichtet wurde). Die Mühe zahlt sich aus: Er wird umgehend zum Vizefeuerwerker befördert, an die Front versetzt man ihn jedoch nicht.

Ungeachtet dessen ist Ringelnatz' Haltung zum Krieg widersprüchlich. *Die Woge*, ein Band mit Kriegserzählungen, der 1916 erscheinen soll, wird von der Zensur behindert und kann erst 1922 gedruckt werden. Denn den Geschichten mangelt es an der vorbehaltlosen Verherrlichung des Krieges, Skepsis mischt sich in die patriotische Gesinnung. In seiner Autobiographie *Als Mariner im Krieg* (1928), in der schon die unpathetische Schilderung des Soldatenalltags jeglichem kriegsverherrlichenden Pathos entgegensteht, wird Ringelnatz seine eigene Haltung während des Krieges selbstkritisch reflektieren.

Nach Kriegsende faßt Ringelnatz als Schriftsteller nur schwer wieder Fuß. Er ist mittellos, lebt zunächst bei Bekannten in Berlin und versucht sich wieder einmal – und wieder vergeblich – in bürgerlichen Berufen. So besucht er einen Lehrgang in einer Obst- und Gartenbauschule in Freyburg, arbeitet danach wenige Wochen als Archivangestellter im Scherl-Verlag. Da er in Berlin keine Arbeitserlaubnis bekommt, zieht er zurück nach München und findet Arbeit bei einer Post-Überwachungsstelle, die er schnell wieder aufgibt. Seinen Lebensunterhalt bestreitet er nun mehr schlecht als recht durch abendliche Auftritte an seiner ehemaligen Wirkungsstätte, dem »Simpl«. Dort feiert er im August 1920, an seinem 37. Geburtstag, seine Hochzeit mit der Sprachlehrerin Lona (Leonharda) Pieper, von ihm »Muschelkalk« genannt, die er während des Krieges kennengelernt hatte. Beide ziehen in eine kleine Wohnung in der Hohenzollernstraße, die bis 1930 der feste Wohnsitz des Ehepaars bleiben wird.

Von dort aus startet Ringelnatz seine Karriere als »reisender Artist«, wie er sich selbst nennt. Er gastiert in zahlreichen Städten, tritt in großen Sälen und auf kleinen Bühnen, in Cabarets und Amüsierlokalen auf und trägt neben den alten »Simpl«-Versen seine neuen Gedichte vor, die er seit Dezember 1919, erstmals unter dem Pseudonym Joachim Ringelnatz, geschrieben hat. In dieser Zeit entsteht auch die Kunstfigur des verwegenen, gutmütigen und prahlerisch-lauten Seemanns Kuttel Daddeldu. Sie verschmilzt bald mit der Person des Dichters, der gewöhnlich im Seemannsanzug und mit einem Glas Wein in der Hand auftritt.

Im September 1920 gastiert Ringelnatz erstmals im literarischen Kabarett »Schall und Rauch« in Berlin, das u. a. Walter Mehring, Kurt Tucholsky, Klabund, George Grosz und Friedrich Hollaender zu seinen Mitarbeitern zählt, in dem Blandine Ebinger, Gussy Holl und Paul Graetz auftreten. Im Gepäck hat er seine neu entstandenen satirisch-witzigen *Turngedichte* und seine derb-erotisch gewürzten Kuttel-Daddeldu-Balladen, mit denen er bald bekannt wird. Das Publikum ist begeistert, die Presse ebenfalls – nur die rechtsnationale »Deutsche Tageszeitung« ist über die Ringelnatzschen »Schweinetrog-Poesien« empört[12] –, das Engagement wird um einen Monat verlängert. Die Schauspielerin Asta Nielsen, mit der Ringelnatz später befreundet sein wird, beschreibt einen seiner Auftritte im »Schall und Rauch« so: »Er war kein Rezitator im eigentlichen Sinne des Wortes, aber die Stimmung, die seine Person ausstrahlte, und das verschleierte, eintönige Organ, das in sonderbarem, singendem Rhythmus seine genialen Verse aufsagte – begleitet von kaum angedeuteten, aber sehr bezeichnenden Bewegungen mit den knochigen Händen –, waren von solcher Wirkung, daß sie die Zuhörer ... in Ekstase versetzten.«[13]

Von nun an geht es für den Vortragskünstler und Schriftsteller Ringelnatz bergauf. Er reist von Engagement zu Engagement, oft mit dem Flugzeug. Seiner Begeisterung für das Fliegen hat er in dem Band *Flugzeuggedanken* von 1929 Ausdruck gegeben, aus dem einige Gedichte für diesen Band ausgewählt wurden. Er bringt nahezu jährlich Gedichtbände, Kinderbücher, Prosa und autobiographische Werke heraus, veröffentlicht in angesehenen Blättern wie *Die Weltbühne* und *Das Tagebuch*. Endlich gelingt es ihm, mit seiner literarischen Tätigkeit seinen Lebensunterhalt und den seiner Frau zu sichern. Auch als Maler tritt Ringelnatz nun an die Öffentlichkeit und hat Erfolg. 1923 stellt die Galerie Flechtheim in Berlin erstmals seine Bilder aus, weitere Ausstellungen in anderen

12 Günther, S. 112.

13 Zit. nach: Kurt Wafner: Einfach klassisch! und noch mehr. Eine Nachbetrachtung. In: Schall und Rauch. Reprint einer Programmzeitschriften-Folge des gleichnamigen Max-Reinhardt-Kabaretts in Berlin. Berlin 1985, S. 21 f.

Städten, begleitet von Vorträgen des Dichter-Malers, folgen. Und immer wieder Rückkehr nach München zu Muschelkalk, Auftritte im »Simpl«, Feste mit den Künstlerfreunden – auch Weihnachtsfeste, in denen sich Ringelnatz' Kindheitsweihnachten mit all den einsamen oder auf See verbrachten Weihnachtsabenden zu amalgamieren scheinen. Weihnachten im »Simpl« mit Ringelnatz, so ein Bericht des Wirtes Otto Heusinger von 1928, waren »wohl etwas Einmaliges. Das Lokal wurde einfach zur Kinderstube. Eigene passende Vorträge, die Bescherung, die Verteilung der Kinderinstrumente, alle Gäste, die geldlosen Studenten, Künstler und Künstlerinnen auch von den anderen Münchner Kabaretts und sonstige für diesen Abend Anschlußlose, alle erlebten Unvergeßliches. Ringel brachte stets einen traditionsmäßigen Toast auf die aus, die gerade jetzt auf See sein mußten. Er bestritt die ganze Unterhaltung – wann war Ringelnatz lustiger? Wer wurde bei solchen Gelegenheiten von Ringelnatz nicht beschenkt, getreu seiner Mahnung in dem schönen Gedicht *Schenken* …«[14]

Ringelnatz' Arbeitspensum während dieser Zeit ist enorm, ebenso seine Energie, mit der er es bewältigt. Als Maler ist Ringelnatz anerkannt, als Schriftsteller durchgesetzt. Die Balladen von Kuttel Daddeldu gehören zu seinem Standardrepertoire, das Publikum liebt seinen virtuosen Vortrag, der mit zunehmender Bühnenerfahrung immer sparsamer, andeutender und facettenreicher wird.

Gegen Ende der zwanziger Jahre tritt die drastische Komik der Ringelnatzschen Lyrik immer mehr zurück, der Ton wird ernster, melancholischer. Die Pointen knallen nicht mehr, die Sprache wird beiläufiger, persönlicher, der Humor stiller und nachdenklicher. Und auch diese Verse, von denen dieser

14 Zit. nach Günther, S. 123. Das Gedicht in diesem Band auf S. 17.

Band etliche versammelt, finden begeisterte Anhänger. Kurt Tucholsky etwa, Pathos und Heroischem seinerseits wenig zugänglich, sieht in »manchem Blankverschen Ringelnatzens tiefstes Leid«, und er findet die Gedichte »[a]m schönsten da, wo die Form ganz lapidar da steht, wie aus der Sprache gewachsen«, wie er 1927 über die gerade erschienenen *Reisebriefe eines Artisten* schreibt.[15] Es ist diese einfache, ungesuchte, spielerische und lebensnahe Diktion, die Konzentration auf die kleinen Dinge, das Beiläufige, das Unpoetische, das poetisch wird, was Tucholsky wie viele andere Leser fasziniert.

1930 zieht Ringelnatz mit seiner Frau Muschelkalk nach Berlin, da er sich in München, mittlerweile »Hauptstadt« der nationalsozialistischen Bewegung, zunehmend unwohl fühlt. Nach wie vor arbeitet er rastlos, ist als Vortragskünstler gefragt, erhält Engagements auch im angrenzenden Ausland, in Wien und Prag. Doch die Wirtschaftskrise geht auch an ihm nicht vorbei, die Gagen sinken. Der Erfolg seines im Januar 1932 uraufgeführten Seemannsstückes *Die Flasche*, mit dem er – diesmal als Hauptdarsteller – und eine Schauspielertruppe auf Gastspielreise gehen, bleibt mäßig. Am Ende der Tournee hat jeder der Beteiligen wenig mehr als neun Mark verdient.[16]

Die Machtübernahme Hitlers im Januar 1933 beendet Ringelnatz' literarische Karriere. Im Februar wird er in Dresden von der Bühne geholt, weitere Gastspiele werden abgesagt, er erhält Auftrittsverbot. Zwei Gedichtbände (*103 Gedichte; Gedichte, Gedichte von einstmals und heute*) können noch er-

15 Kurt Tucholsky: Joachim der Erste (genannt Ringel). In: K. T.: Gesamtausgabe. Text und Briefe. Hrsg. von Antje Bonitz, Dirk Grathoff, Michael Hepp, Gerhard Kraiker. Bd. 9: Texte 1927. Reinbek 1998, S. 557.

16 J. R.: Mit »Der Flasche« auf Reisen. In: GW 5, S. 310.

scheinen, ein Teil der Auflage wird jedoch beschlagnahmt. Anfang 1934 begibt sich Ringelnatz auf eine Gastspielreise in die Schweiz, wo er plötzlich erkrankt. Die Ärzte diagnostizieren eine schon seit Jahren verschleppte Tuberkulose. Da der Autor mittlerweile fast mittellos ist, wenden sich Freunde mit einem Spendenappell an die Öffentlichkeit, um ihm eine Behandlung zu ermöglichen. Die Hilfe kommt jedoch zu spät. Nach drei Monaten in einer Lungenheilstätte wird er als unheilbar entlassen und kehrt nach Hause zurück. Am 17. November 1934 stirbt Joachim Ringelnatz in seiner Berliner Wohnung.

Quellenverzeichnis

Die Texte wurden folgenden Ausgaben entnommen:

Simplicissimus-Träume. 3. Traum. Aus: Simplicissimus Künstler-Kneipe und Kathi Kobus. Hrsg. vom Hausdichter Hans Bötticher. München: Selbstverlag [1909]

Bist du nie durch verschneite Nächte gegangen. Draußen und Drinnen. Weihnachten. Der Weihnachtsbaum. Weihnacht zur See. Alles, was ich in schlichten Feierstunden. Aus: Hans Bötticher: Gedichte. München, Leipzig: Hans Sachs-Verlag, Schmidt-Bertsch & Haist 1910

Die Weihnachtsfeier des Seemanns Kuttel Daddeldu. Kuttel Daddeldu und die Kinder. Aus: J. R.: Die gebatikte Schusterpastete. Berlin-Wilmersdorf: Alfred Richard Meyer 1921

Silvester (Wenn der Christbaumschmuck). Aus: Die Woche. Moderne illustrierte Zeitschrift. Berlin. Jg. 27 (1925), Nr. 1 vom 3. 1. 1925, S. 10-11

Ruf zum Sport. Berlin, Dezember 1923. Schnee. Aus: J. R.: Reisebriefe eines Artisten. Berlin: Ernst Rowohlt 1927

Heimweh? Aus: J. R.: Matrosen. Erinnerungen, ein Skizzenbuch: handelt von Wasser und blauem Tuch. Berlin: Internationale Bibliothek 1928

Schenken. Draußen schneit's. Einsiedlers Heiliger Abend. Silvester (Daß bald das neue Jahr beginnt). Was würden Sie tun, wenn Sie das neue Jahr regieren könnten? Es schneit. Zu einem Geschenk. Aus: J. R.: Allerdings. Gedichte. Berlin: Ernst Rowohlt 1928

Helfen. Flugzeug am Winterhimmel. Kindergebetchen. Der letzte Tag vergangnen Jahrs. Silvester (Es gibt bei Armen und Reichen). Lebhafte Winterstraße. Stille Winterstraße. Winterflug 1929. Aus: J.R.: Flugzeuggedanken. Berlin: Ernst Rowohlt 1929

Des Jahres Feste. Aus: J.R.: Mein Leben bis zum Kriege. Berlin: Ernst Rowohlt 1931

Silvester bei den Kannibalen. Die neuen Fernen. Aus: J.R.: Kinder-Verwirr-Buch mit vielen Bildern. Berlin: Ernst Rowohlt 1931

Eis-Hockey. Wenn wir im Mildsein. Ich ward beschenkt für ein Gedicht. Traurig geworden. Neujahrsnachtfahrt. Aus: J.R.: Gedichte dreier Jahre. Berlin: Rowohlt 1932

Vorfreude auf Weihnachten. Aus: J.R.: 103 Gedichte. Berlin: Rowohlt 1933

Der Glückwunsch. Aus: J.R.: Gedichte, Gedichte von Einstmals und Heute. Berlin: Rowohlt 1934

Herbst. Stelzebehns Silvesterfest. Wünsche. Am Weihnachtsabend. In der Neujahrsnacht. Aus: J.R.: Das Gesamtwerk in sieben Bänden. Hrsg. von Walter Pape. Berlin: Henssel. Bd. 2: Gedichte 2, 1985

Alphabetisches Verzeichnis der Titel und Gedichtanfänge

Den Sternen näher

Weihnachten in den Alpen – eine verheißungsvolle Vorstellung, für alle, die die Berge lieben. Klarer Himmel, klirrende
Kälte, Stille statt städtischem Weihnachtslärm, knirschender
Schnee, hohe Gipfel – die perfekte Kulisse für naturverbun-
dene Ferien und ein schönes Fest. Wer die Weihnachtszeit
nicht dort verbringen kann, sei eingeladen, dies wenigstens
lesend zu tun. Aber natürlich: der Winter in den Alpen hat
auch seine Tücken. Es ist nicht alles Gold, was an der Weih-
nachtsarve glänzt...

Mit Geschichten von Autorinnen und Autoren, die in den
Bergen zu Hause sind, und solchen, die die Berge lieben und
kennen: Urs Augstburger, Angelika Overath, Bärbel Reetz,
Kaspar Schnetzler, Leta Semadeni, Emil Zopfi – eigens für
diesen Band geschrieben. Und weiteren überraschenden Texten von Hermann Hesse, Erich Kästner, Ulrich Knellwolf,
Ingrid Noll und anderen.

Weihnachten in den Alpen. Herausgegeben von Susanne
Gretter. insel taschenbuch 4261. 198 Seiten

Das Vorlesebuch für die schönste Zeit des Jahres

Weihnachtszeit ist Vorlesezeit. Die schönsten Advents- und Weihnachtsgeschichten zum Vorlesen für die ganze Familie präsentiert dieser Band: Heiteres und Besinnliches, Klassisches und Modernes für Jung und Alt.

Von den Weihnachtsfesten ihrer Kindheit, von einer geheimnisvollen Weihnachtsverdoppelung, von einer schönen Bescherung am Heiligen Abend und dass die Suche nach dem passenden Geschenk nicht immer einfach ist, davon erzählen in diesem Band Walter Benjamin, Marie von Ebner-Eschenbach, David Henry Wilson, Paul Maar, Erich Kästner, Elizabeth von Arnim, Ludwig Thoma, Marie Luise Kaschnitz, Martin Suter u. v. a.

Die schönsten Weihnachtsgeschichten zum Vorlesen.
Ausgewählt von Gesine Dammel. insel taschenbuch 4180.
179 Seiten

NF 210/1/07.14

Die schönsten Geschichten zum Fest

Weihnachtszeit ist Lesezeit. Kaum jemand kann sich dem besonderen Zauber des Festes entziehen. Die schönsten Geschichten zu Weihnachten werden in diesem Band versammelt: Sie erzählen vom Kindheitstraum Weihnachten, von der freudigen Erwartung, von heimlichen Vorbereitungen für den Heiligen Abend und vom harmonischen Fest im Kreis der Familie. Mal geht es besinnlich und nachdenklich zu, mal heiter und ironisch. Zum Verschenken, Vorlesen und Selberlesen.

Mit Texten von Elizabeth von Arnim, Bertolt Brecht, Walter Benjamin, Robert Walser, Else Lasker-Schüler, Marie Luise Kaschnitz, Hermann Hesse, Peter Bichsel, Martin Luther, Peter Handke, Uwe Tellkamp u. v. a.

Die schönsten Weihnachtsgeschichten. Ausgewählt von Gesine Dammel. insel taschenbuch 4331. 144 Seiten

»Alle Jahre wieder ...«

Was wäre Weihnachten ohne Musik, ohne Weihnachtslieder?
Dieser Band versammelt die schönsten und bekanntesten
Weihnachtslieder, die alle Jahre wieder zum Fest gesungen
werden: Lieder zum Advent und zur Heiligen Nacht, Kirchen-
und geistliche Volkslieder. Mit beliebten Klassikern wie »Ihr
Kinderlein, kommet«, »Stille Nacht, heilige Nacht«, »Laßt
uns froh und munter sein«, »Süßer die Glocken nie klingen«,
»Es kommt ein Schiff geladen« sowie »O Heiland, reiß die
Himmel auf« und viele andere mehr.

Mit vollständigen Texten und Noten zum Singen und Spielen.

Die schönsten Weihnachtslieder. insel taschenbuch 4332.
144 Seiten

Weihnachten – die schönste Zeit des Jahres

Weihnachten – die schönste Zeit des Jahres, Zeit der Besinnung, der inneren Einkehr und der Vorfreude auf das bevorstehende Fest. Mit verführerischen Düften von Glühwein, Backwerk und gebrannten Mandeln locken die Weihnachtsmärkte, und bunt geschmückte Weihnachtsbäume bringen nicht nur Kinderaugen zum Leuchten. Wie es einst war und wie es heute ist, davon erzählen auch die Dichter. Die schönsten Weihnachtsgedichte deutscher Sprache sind hier versammelt – von Martin Luther bis Robert Gernhardt.

Die schönsten Weihnachtsgedichte. Ausgewählt von Gesine Dammel. insel taschenbuch 4067. 114 Seiten

Auf leisen Pfoten ...

Die Winter- und Weihnachtszeit hält für unsere geliebten Samtpfoten viele Überraschungen bereit. Der erste Schnee macht das Herumstromern zu einem wahren Abenteuer. Und auch zu Hause geschieht Ungewöhnliches: ein Baum steht plötzlich neben dem eigenen Körbchen, es blinkt, glitzert und knistert ... und duftet himmlisch nach Braten.

Von anschmiegsamen, schnurrenden, eigenwilligen, klugen und tapferen Katzen erzählen die hier versammelten Geschichten von Eva Demski, Barbara Bronnen, Erika Pluhar, Nina Bußmann, Karsten Flohr, Detlef Bluhm u. v. a.

Weihnachtskatzen. Ausgewählt von Gesine Dammel. insel taschenbuch 4179. 165 Seiten

NF 177/1/04.13

Die schönsten Katzengeschichten zum Weihnachtsfest zum Lesen und Vorlesen

Von einem Kater, der den Neuschnee erkundet und in der Weihnachtskrippe eine kleine Gefährtin entdeckt, vom aufregenden Weihnachtsfest des Katers Murr, von einer Frau, die ihr Leben den Katzen widmet, und wie die Katzen den Weihnachtsmann retteten … davon und von vielem anderen mehr erzählen die hier versammelten Geschichten.

Mit zum Großteil erstmals veröffentlichten Texten von Ingrid Bachér, Eva Berberich, Detlef Bluhm, Bernd Cailloux, Andrea Schacht, Tom Schulz, Hans-Ulrich Treichel, Franziska Wolffheim u. v. a.

Tatzen im Schnee. Ausgewählt von Gesine Dammel. insel taschenbuch 4330. 176 Seiten

NF 208/1/07.14

Joachim Ringelnatz

Warten auf den
Bumerang

Mit Zeichnungen
von Robert Gernhardt

**Die schönsten Gedichte von
Joachim Ringelnatz,
ausgewählt und illustriert von
Robert Gernhardt**

»Ringelnatz vereinigt zwischen zwei Buchdeckeln, was immer ihm in einem bestimmten Zeitraum bedichtens- und berichtenswert erschien: Belachbares, Besinnliches, Bedenkenswertes, Bedenkliches und Bedenkenloses.« *Robert Gernhardt*

Eine vergnügliche Auswahl, die nicht nur die Klassiker aus Ringelnatz' Werk versammelt, sondern auch einlädt, Neues und Überraschendes zu entdecken, herrlich illustriert von Robert Gernhardt.

Joachim Ringelnatz, Warten auf den Bumerang.
Gedichte. Ausgewählt und illustriert von Robert Gernhardt.
insel taschenbuch 4072. 96 Seiten

Die Möwen sehen alle aus, als ob sie Emma hießen

»Das ästhetische Wiesel«, »Das große Lalula«, »Der Ging-ganz«, »Professor Palmström«, »Muhme Kunkel« – berühmt wurde Christian Morgenstern vor allem durch seine humoristische Lyrik. Neben seinen *Galgenliedern*, die durch brillante Wortschöpfungen und Sprachspielereien noch heute verblüffen und amüsieren, sind in diese Sammlung auch Texte des unbekannteren Morgenstern aufgenommen.

Christian Morgenstern, Die Möwen sehen alle aus, als ob sie Emma hießen. Gedichte. Ausgewählt von Thomas Kluge. insel taschenbuch 4532. 221 Seiten